BEI GRIN MACHT SICH IHR WISSEN BEZAHLT

AF139884

- Wir veröffentlichen Ihre Hausarbeit,
  Bachelor- und Masterarbeit

- Ihr eigenes eBook und Buch -
  weltweit in allen wichtigen Shops

- Verdienen Sie an jedem Verkauf

Jetzt bei www.GRIN.com hochladen
und kostenlos publizieren

Bibliografische Information der Deutschen Nationalbibliothek:

Die Deutsche Bibliothek verzeichnet diese Publikation in der Deutschen National-
bibliografie; detaillierte bibliografische Daten sind im Internet über http://dnb.d-
nb.de/ abrufbar.

Impressum:

Copyright © 2015 GRIN Verlag, Open Publishing GmbH
Druck und Bindung: Books on Demand GmbH, Norderstedt Germany
ISBN: 9783668505346

Dieses Buch bei GRIN:

http://www.grin.com/de/e-book/372852/relationship-marketing-das-neue-marketing-
paradigma-fuer-einen-ganzheitlichen

Irena Schmid

Relationship Marketing. Das neue Marketing-Paradigma für einen ganzheitlichen Ansatz zum Marketingmanagement

GRIN Verlag

GRIN - Your knowledge has value

Der GRIN Verlag publiziert seit 1998 wissenschaftliche Arbeiten von Studenten, Hochschullehrern und anderen Akademikern als eBook und gedrucktes Buch. Die Verlagswebsite www.grin.com ist die ideale Plattform zur Veröffentlichung von Hausarbeiten, Abschlussarbeiten, wissenschaftlichen Aufsätzen, Dissertationen und Fachbüchern.

Besuchen Sie uns im Internet:

http://www.grin.com/

http://www.facebook.com/grincom

http://www.twitter.com/grin_com

Hausarbeit für die Studieneinheit Marketing

des Studiengangs Marketing MBA über das Thema:

Relationship Marketing – Das neue Marketing-Paradigma für einen ganzheitlichen Ansatz zum Marketingmanagement

Autor: Irena Schmid

Abgabe: 17.04.2015

Inhalt

Zusammenfassung

Diese Arbeit analysiert, inwiefern das neue Marketing-Paradigma *Relationship Marketing* als ganzheitlicher Ansatz ins Marketingmanagement implementiert werden kann. Anhand einer gründlichen Analyse der wichtigsten theoretischen Grundlagen dieser Thematik sowie Implementierungsvorgaben für Unternehmen, wird die praktische Umsetzung im IT-Bereich erläutert und auf Vor- und Nachteile untersucht. Dabei ist auffällig, dass zwar, sowohl die theoretischen Grundlagen und die Notwendigkeit für das Relationsship Marketing, als auch die Implementierungsempfehlungen für ein CRM-System begründet sind, die praktische Umsetzung nichtsdestoweniger ausbaufähig bleibt.

1. Einleitung

1.1 Anlass der Arbeit

Die Transaktionen auf dem Markt können in zwei verschiedenen Richtungen erfolgen, als Einzeltransaktionen oder Folgekäufe. Während bei Einzeltransaktionen ein ständiger Wechsel zwischen einem Unternehmen und seinen Kunden beziehungsweise Lieferanten stattfindet, entstehen bei Folgekäufen Geschäftsbeziehungen nicht nur zwischen Unternehmen und Lieferanten, sondern auch zwischen Unternehmen und Kunden. Diese Analyse konzentriert sich auf die Geschäftsbeziehungen zwischen Unternehmen und Kunden. Kundenbeziehungen haben sich als äußerst profitabel erwiesen, da positive Nutzeffekte entstehen können, wie etwa Kostenersparnisse.[1] So entwickelt man im Marketing *Strategien*, um diese Beziehungen zu fördern. Der Oberbegriff hierfür lautet *Relationship Marketing (RM)* und wurde vom Autor *Leonard Berry* 1983 als Erster in die Literatur eingeführt.[2] Ziel des Relationship Marketings ist die Absatzsteigerung durch langfristige Bindungen zu profitablen Kunden sowie konsequente Neukundengewinnung.[3] Dieses Vorgehensmodell wird auch unter dem Namen *Customer Relationship Marketing (CRM)* geführt und als ganzheitlicher Ansatz für Marketingkonzepte betrachtet.[4] Eine klare Trennung zwischen diesen beiden Begriffen *Relationship Marketing* und

---

[1] „Krisen in Geschäftsbeziehungen", S. 7 ff.
[2] „CRM mit Mitarbeitern erfolgreich umsetzen – Aufgaben, Kompetenzen und Maßnahmen der Unternehmen", 2014, S. 23 ff.
[3] „CRM mit Mitarbeitern erfolgreich umsetzen – Aufgaben, Kompetenzen und Maßnahmen der Unternehmen", 2014, S. 36
[4] Vgl. 2

Customer Relationship Marketing ist, ebenso wie ihr Ursprung, in der Literatur nicht explizit erfasst; so wird auch in dieser Analyse auf eine Abgrenzung verzichtet, da der Grundgedanke des Relationship Marketings vielmehr die Basis von CRM-Konzepten darstellt.[5] Anhand einer globalen Analyse der theoretischen Grundlagen sowie Implementierungsansätze fürs Management, wird in Bezug auf die Praxis dokumentiert, ob und inwiefern Relationship Marketing als ganzheitliches Marketingkonzept funktioniert.

1.2 Vorgehensweise und Ziele der Untersuchung

Im 2. Kapitel dieser Analyse werden die theoretischen Grundlagen vom Relationship Marketing beziehungsweise CRM erläutert. Es werden die Ziele und Gründe sowie der Zusammenhang zwischen den Lebenszyklen von Markt, Produkt und Kunde in Bezug auf das CRM thematisiert.

Das 3. Kapitel beschäftigt sich mit der Implementierung eines CRM-Systems in das Unternehmen. Es werden Schwerpunkte und Voraussetzungen in Bezug auf den Wert des Kunden genannt.

Es wird untersucht nach welchen Kriterien ein Unternehmen beurteilt werden muss, um das Management an die gewünschten CRM-Ausrichtungen anzupassen zu können.

---

[5] „CRM mit Mitarbeitern erfolgreich umsetzen – Aufgaben, Kompetenzen und Maßnahmen der Unternehmen", 2014, S. 46

Anschließend folgt Teil 4 dieser Arbeit und beschäftigt sich mit der praktischen Umsetzung des theoretischen CRM-Ansatzes in Unternehmen. Da CRM in den letzten Jahren im Marketing an großer Bedeutung gewonnen hat, wurden dementsprechend diverse Software-Programme entwickelt, um die Implementierung des Ansatzes zu erleichtern und zu standardisieren. Außerdem sollen diese Programme zur Kontrolle der Wirksamkeit des gewählten CRM-Konzepts dienen. Es wird ermittelt, welchen Anforderungen sich das Top Management bei der Einführung eines solchen Systems stellen muss. Zum Schluss wird das CRM-Konzept auf seine Vor- und Nachteile überprüft.

Im finalen 5. Kapitel nimmt der Autor Stellung zur Hypothese, ob und inwiefern das CRM ein ganzheitliches Management ermöglicht.

2. Theoretische Grundlagen von Relationship Marketing

2.1 Ziele des Relationship Marketings

Das oberste Ziel eines jeden Unternehmens ist die Umsatzsteigerung –

dies ist auch das Primärziel des Relationship Marketing Denkmodells.[6]

Während sich *transorientiertes* Marketing nur auf Einzelverkäufe

konzentriert, möchte ein Unternehmen mit der Relationship Marketing

Strategie eine langfristige Bindung zu seinem Kunden aufbauen. Bei

Einzelverkäufen liefert streng genommen „nur" das Produkt an sich das

einzige Kaufargument,[7] jedoch hat sich der Markt gewandelt und

Produkte werden immer homogener, so ist ein Unternehmen gezwungen

seinem Kunden „mehr" als „nur" ein einwandfreies Produkt zu liefern.[8]

Demzufolge beeinflussen neben dem Produkt zusätzliche Leistungen die

Kaufentscheidung. Je mehr ein Unternehmen auf seinen Kunden eingeht,

desto stärker kann er ihn an sich binden. Dies geschieht beispielsweise

durch exzellente Kundenbetreuung und -serviceleistungen sowie einen

offenen Kommunikationskanal zwischen Unternehmen und Kunde.[9] Der

Ausdruck „Servicewüste Deutschland" ist ein Bespiel dafür, wie sich

mangelnde Kundenbetreuung negativ auf das Verhältnis zwischen

Anbieter und Kunde auswirken kann.[10] Jeder, der schon einmal bei einem

---

[6] „CRM mit Mitarbeitern erfolgreich umsetzen – Aufgaben, Kompetenzen und Maßnahmen der Unternehmen", 2014, S. 44
[7] „CRM mit Mitarbeitern erfolgreich umsetzen – Aufgaben, Kompetenzen und Maßnahmen der Unternehmen", 2014, S. 27
[8] Vgl. Kapitel 2.1 „Gründe für Relationship Marketing", S. 8 ff.
[9] „CRM mit Mitarbeitern erfolgreich umsetzen – Aufgaben, Kompetenzen und Maßnahmen der Unternehmen", 2014, S. 46
[10] http://www.handelsblatt.com/politik/deutschland/verpasste-chancen-im-dienstleistungssektor-japaner-klagen-ueber-die-servicewueste-

Call Center angerufen hat und mit einer Computerstimme kommunizieren musste oder von einer *Warteschleife* vertröstet wurde, kann diese Behauptung nachvollziehen.[11] Folglich ist das zweite Ziel im RM der Ausbau und die Pflege bereits gewonnener, profitabler Kunden. Das dritte Ziel besteht darin, neue Kunden zu gewinnen, mit denen eine lukrative Geschäftsbeziehung aufgebaut werden kann.[12]

Diese Geschäftsbeziehung, die für beide Parteien (Anbieter & Kunde) eine *Win-Win-Situation*[13] darstellt, kann durch zwei Maßnahmen erfolgen: Zum einen kann eine emotionale Verbundenheit zu dem Unternehmen, das heißt der Marke, entstehen und aufgebaut werden. Zum anderen kann diese „Verbundenheit" ökonomisch erfolgen, mittels Vertrag oder technisch-funktionaler Abhängigkeit.[14] Anders gesagt können diese Folgekäufe zwischen Anbieter und Kunde *diskret* (entspricht einer Routinebestellung aus Erfahrung und Vertrauen) oder *relational* (gemäß einer komplexe Bestellung aufgrund ökonomischer oder technischer Abhängigkeit) ablaufen.[15]

Nun gilt es die genauen Gründe für die Entstehung und Notwendigkeit des Relationship Marketings zu untersuchen.

deutschland/2220264.html und http://www.spiegel.de/wirtschaft/service/service-behoerden-banken-und-telekom-vergraulen-kunden-a-978735.html
[11] http://www.spiegel.de/thema/warteschleife/
[12] „CRM mit Mitarbeitern erfolgreich umsetzen – Aufgaben, Kompetenzen und Maßnahmen der Unternehmen", 2014, S. 23 ff.
[13] Effektives Customer Relationship Management Instrumente – Einführungskonzepte – Organisation, 2013, S. 7
[14] „Effektives Customer Relationship Management Instrumente – Einführungskonzepte – Organisation", 2013, S. 5 und 26
[15] „Geschäftsbeziehungsmanagement - Konzepte, Methoden, Instrumente", 2011, S. 22 ff.

2.2 Gründe für Relationship Marketing

Abbildung 1: Gründe für Relationsship Marketing *(Quelle: Eigene Darstellung)*

Im Großen und Ganzen besteht das Konzept der individuellen Kunden-orientierung mit der Entstehung so genannter *„Tante Emma Läden".*[16] Die Dringlichkeit von Unternehmen sich strategisch an seine Kunden auszurichten, begann jedoch in den sechziger Jahren, als sich der Markt, bedingt durch die Möglichkeit der Massenproduktion, vom *Verkäufer-* zum *Käufermarkt* zu ändern begann.[17] Diese Veränderung wurde (das heißt *wird*) durch drei Einflussgrößen dynamisch gesteuert, welche eng miteinander verknüpft sind und sich gegenseitig beeinflussen können.

---

[16] „Effektives Customer Relationship Management - Instrumente, Einführung & Organisation", 2013, S. 6
[17] „Marketing – Grundlagen für Studium und Praxis", 2012, S. 15 ff.

Der Markt wird durch das Zusammenspiel zwischen der *Marktsituation,*

den Kunden und *die technologische Entwicklung* bestimmt. Ändert sich

ein Faktor, wirkt er sich folglich auf die anderen Faktoren aus:[18]

2.2.1 Veränderung „Markt"

Die Globalisierung und dadurch zunehmende Internationalisierung und

Deregulierung des Marktes, haben die Wettbewerbssituation der

Marktteilnehmer nachhaltig verändert. Die Folgen sind sinkende

Eintrittsbarrieren konkurrierender Teilnehmer sowie eine wachsende

Sättigung des Marktes. Bedingt durch die Massenproduktion, überragt

das Angebot die Nachfrage, was sich folglich auf die Preise auswirkt und

zu einem „Billig-Trend" führt. Mittlerweile bestehen kaum noch

qualitative Unterschiede zwischen den Produkten und ihren Preisen. Das

Angebot wird immer homogener, was sich negativ auf die Loyalität des

Kunden auswirkt. So ist es für Unternehmen erforderlich, sich der Indivi-

dualisierung des Kunden anzupassen und den Markt gezielter zu

segmentieren. Diese Marktsegmentierung erschwert allerdings die Wahl

der adäquaten Marketingmaßnahmen, da jedes Segment eine eigene

Präferenz hat.[19]

2.2.2 Veränderung „Kunde"

Durch das Überangebot an Produkten und Dienstleistungen wächst der

Anspruch des Kunden. Dieser kauft nun gezielter ein und achtet kritisch

---

[18] „CRM mit Mitarbeitern erfolgreich umsetzen – Aufgaben, Kompetenzen und
Maßnahmen der Unternehmen", 2014, S. 15
[19] „CRM mit Mitarbeitern erfolgreich umsetzen – Aufgaben, Kompetenzen und
Maßnahmen der Unternehmen", 2014, S. 16 und Vgl. 12, S. 5

auf das Preis-Leistungs-Niveau. Durch das Internet eröffnet sich dem

Kunden eine Art riesiger Basar, auf dem er *den* Anbieter aussuchen kann,

der optimal seine Bedürfnisse erfüllt.[20] Benötigt der Kunde beispiels-

weise ein neues Mobiltelefon, so kann er sich auf einem Vergleichsportal

wie *www.chip.de* über die einzelnen Produkte und ihre Eigenschaften

informieren. Selbstverständlich möchte der Kunde den kleinstmöglichen

Preis bezahlen; hierfür eignet sich hervorragend das Vergleichsportal

www.check24.de.[21] Anhand dieses „kleinen" Beispiels wird deutlich,

welche Macht der Kunde über Unternehmen ausüben kann und wie

schwierig es dadurch für den Anbieter wird, den Kunden davon zu

überzeugen, sich für *sein* Produkt zu entscheiden.

2.2.3 Veränderung „Technologie"

Anhand des Beispiels *„Handykauf"* aus dem vorherigen Abschnitt ist die

Bedeutung des technischen Fortschritts unübersehbar. Durch die

Weiterentwicklung und Zunahme an Informationsquellen – allen voran

des Internets – wächst das Angebot um ein Vielfaches, da auch

internationale Transaktionen möglich sind.

Bedeutend ist auch die Innovationsgeschwindigkeit der letzten Jahre,

welche sich auf den Lebenszyklus von Produkten auswirkt. Gerade in der

Computerbranche lässt sich eine verkürzte Lebensdauer beobachten.[22]

Beispielsweise betrug die Speicherkapazität des ersten iPods, welcher im

---

[20] „CRM mit Mitarbeitern erfolgreich umsetzen – Aufgaben, Kompetenzen und
Maßnahmen der Unternehmen", 2014, S. 16 und 17
[21] http://www.chip.de und http://www.check24.de
[22] „CRM mit Mitarbeitern erfolgreich umsetzen – Aufgaben, Kompetenzen und
Maßnahmen der Unternehmen", 2014, S. 18 und 19

Jahre 2001 auf dem Markt kam, gerade einmal 5 GB.[23] Die neusten

Modelle werden mit einer Speicherkapazität von 64 GB verkauft.[24]

Darüber hinaus ist in den Medien die Rede davon, dass manche

Hersteller technologischer Produkte die Lebensdauer ihrer Produkte

absichtlich verkürzen, um den Absatz zu steigern.[25]

2.3. Zeitkomponenten im Relationship Marketing

Wie im vorherigen Abschnitt angedeutet, spielt der Faktor „Zeit" eine

ausschlaggebende Rolle in der Wettbewerbssituation des Marktes.

Hierbei existieren drei relevante Größen: *Marktlebens-, Produktlebens-*

und *Kundenbeziehungszyklus.* Da diese Größen miteinander

zusammenhängen, sind sie deshalb für das Relationship Marketing

relevant und benötigen eine nähere Untersuchung:

2.3.1 Marktlebenszyklus

Der Markt ist kein statisches Gebilde, vielmehr ist er durchaus mit einem

lebenden Organismus vergleichbar, welcher fünf Phasen durchläuft. Für

jede dieser Phasen gilt es die passende Strategie einzuschlagen, um den

größtmöglichen Absatz zu erzielen. Die erste Phase wird *Entstehungs-*

phase bezeichnet, in der sich ein neuer Markt aufgrund von (bahnbrech-

enden) Innovationen formt. In dieser Phase gilt es eine *Pioniestrategie*

einzuschlagen und mit (technischen) Standards *eine Monopolstellung*

---

[23] http://www.spiegel.de/einestages/der-erste-ipod-a-949785.html
[24] http://www.apple.com/de/ipod/compare-ipod-models/
[25] http://globalmagazin.com/themen/wirtschaft/uba-erforscht-lebensdauer-von-produkten/ und http://www.handelsblatt.com/finanzen/steuern-recht/recht/geplanter-verschleiss-hersteller-planen-lebensdauer-von-geraeten/8712424.html

anzusteuern, die in der zweiten Phase, *der Wachstumsphase*, erreicht

werden kann.[26] Ein gutes Beispiel hierfür liefert der Videoformat-Krieg

zwischen *VHS* (von *JVC*) und *Beta* (von *Sony*). Beide Formate wurden

im Jahre 1975 für private Haushalte in den Markt geführt. Drei Jahre

später hat Sony JVC überholt, um gerade einmal 10 Jahre später mit 90%

Marktanteil eine Monopolstellung einzunehmen.[27]

Nach der Wachstums- folgt *die Reifephase*, in der sich der Markt zwar

weiter ausdehnt, jedoch kein größeres Wachstum zu erwarten ist. Diese

Phase führt dazu, dass sich der Markt sättigt. In dieser *Sättigungsphase*

nimmt die Kundennachfrage stetig ab, so werden nun „Preiskämpfe"

zwischen den Wettbewerbsteilnehmern ausgetragen. Die „Verlierer"

müssen den Markt „verlassen". Dies hat zur Folge, dass der Markt

schrumpft. Die darauffolgende fünfte und abschließende Zeitspanne wird

Schrumpfungsphase genannt. [28]

2.3.2 Produktlebenszyklus

Der Lebenszyklus von Produkten verhält sich sehr ähnlich zu dem vom

Markt. Die passende Marketingstrategie zur jeweiligen Lebensphase,

kann mit Hilfe der in der Literatur häufig erwähnten *Portfolio-Martix der*

Boston Consulting Group (BCG) abgeleitet werden, welche hier nicht

---

[26] „Management von Kundenbeziehungen - Perspektiven, Analysen, Strategien und Instrumente", S. 9 und 10 und „Marketing – Grundlagen für Studium und Praxis", 2012, S. 65
[27] „Am Ende Video - Video am Ende? Aspekte der Elektronisierung der Spielfilmproduktion.", 1990, S. 182 ff.
[28] „Marketing – Grundlagen für Studium und Praxis", 2012, S. 65 und 66

näher beleuchtet wird.[29] In *der Entstehungsphase* werden neue Produkte auf den Markt gebracht (vergleichbar mit Portofolio-Matrix *question marks*). Falls die gewählte Marketingstrategie für das neue Produkt zu hohem Bekanntheitsgerad geführt hat, wird die erste Phase durch *die Wachstumsphase* abgelöst (vergleichbar mit Portfoli-Matrix *stars*). In dieser, häufig gewinnbringenden Lebensphase ist es empfehlenswert seine Marktposition auszubauen und dementsprechend *eine Investitionsstrategie* zu verfolgen. In der dritten Zeitspanne, *der Reifephase* ist kein weiteres Wachstum zu erwarten. Zudem ist der Bekanntheitsgrad in dem Maße erreicht, dass die Wirkung von Marketinginstrumenten nachlässt (vergleichbar mit Portfolio Martix *cash cows*). Das Angebot für das Produkt holt irgendwann die Nachfrage ein; dies markiert *die Stättigungsphase*. Subsitutionsprodukte und neue Innovationen bewirken, dass letztendlich kaum noch Interesse am ursprünglichen Produkt besteht. Diese Phase wird *Schrumpfungs-* oder *Verfallsphase* genannt (vergleichbar mit Portfolio-Matrix *poor dogs*). Hier gilt es Bestände restlos zu verkaufen und keine neuen Investitionen zu tätigen.[30]

---

[29] „Marketing – Grundlagen für Studium und Praxis", 2012, S. 70, 71 und
http://www.bcg.de/bcg_deutschland/geschichte/klassiker/portfoliomatrix.aspx
[30] „Marketing – Grundlagen für Studium und Praxis", 2012, S. 63 und 64

2.3.3 Kundenbeziehungszyklus

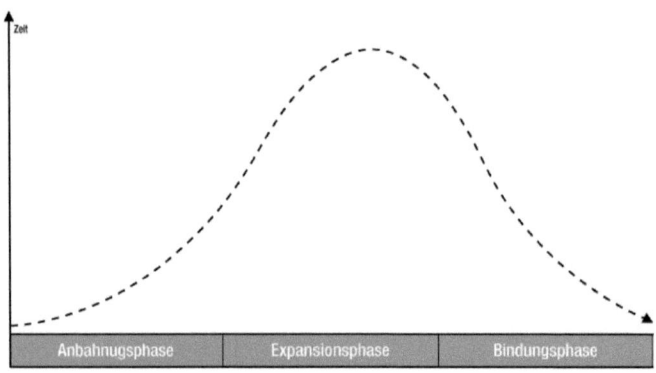

Abbildung 2: Der Kundenbeziehungszyklus *(Quelle: Eigene Darstellung)*

Der Kundenbeziehungszyklus wird durch das Kaufvolumen sowie den Kauf- beziehungsweise die Abschlusshäufigkeit ermittelt und ist grob mit den zuvor erläuterten Lebensphasen „Markt" und „Produkt" vergleichbar.[31] Der Beziehungszyklus ist von Kunde zu Kunde verschieden und hängt von diversen Faktoren ab. In erster Linie ist die Dauer einer Kundenbeziehung abhängig von der *Produktlebensdauer*; je langlebiger ein Produkt, desto positiver entfällt die Prognose für die Kundenbeziehungsdauer.[32] Aus diesem Grund wird hier ein idealtypischer Verlauf gezeigt, welcher in drei Phasen eingeordnet werden kann: *Anbahnung, Expansion* und *Bindung*. In der Anbahnungsphase möchte ein Anbieter das Interesse von potentiellen neuen Kunden

---

31 „Wettbewerbsfaktor Vertrieb bei Finanzdienstleistern - Ein ganzheitliches Konzept zur Sales Excellence", 2013, S. 7
[32] „Erfolgsfaktoren von Customer-Relationship-Management-Implementierungen", 2006, S. 24

wecken. Kommt es zu einem Kauf oder Vertragsabschluss wird die Beziehung zwischen Anbieter und Kunde in *der Expansionsphase* ausgebaut, das heißt der Kunde wird zum Ersatz- und/oder Wiederkauf angeregt. Diese Phase wird zum einen durch das Vertrauen des Kunde und seiner ökonomischen Abhängigkeit zum Anbieter sowie seinem Kaufverhalten bestimmt. Zum anderen kann der Anbieter durch ein entsprechendes *Kundenzufriedenheits-* beziehungsweise *Beschwerdemanagement* diese Phase zu seinem Kunden mitformen. *Die Bindungsphase* ist nun vom Kundenmanagement während der *Expansionsphase* abhängig. Gelingt es dem Anbieter nicht den Kunden für einen Wiederkauf zu animieren, so werden Maßnahmen von Phase 1 *Anbahnung* eingeleitet, um den Kunden zurückzugewinnen. Ob es lukrativ ist einen Kunden zurückzugewinnen oder ihn „gehen zu lassen" hängt von *der Kundenprofitabilität* ab (siehe Kapitel 3.3 „Kundenbewertung", S. 18 ff.).[33]

---

[33] „Wettbewerbsfaktor Vertrieb bei Finanzdienstleistern - Ein ganzheitliches Konzept zur Sales Excellence", 2013, S. 10 und „Erfolgsfaktoren von Customer-Relationship-Management-Implementierungen", 2006, S. 21

15

3. Implementierung eines CRM-Systems ins Management

Anhand der im Kapitel 2 dargelegten theoretischen Grundlagen des Denkmodells Relationship Marketing wird deutlich, dass die Thematik nicht zusammenhangslos als ein Teil einer Marketingstrategie betrachtet werden kann. Vielmehr handelt es sich um eine ganzheitliche Orientierung des Unternehmens an den Kunden. So gilt es auch intern Organisation und Abläufe sowie den Marketing-Mix im Top Management an das entsprechende CRM-Konzept auszurichten.

3.1. Schwerpunkt eines CRM-Systems

3.1.1 Effizienzsteigerung

Die Effizienzsteigerung ist der erste Schwerpunkt eines CRM-Systems; seine Aufgabe besteht darin Prozesse zu optimieren und zu standardisieren. Der Zweck dieser Prozessoptimierung sind Kosteneinsparungen durch verbesserte Abläufe im Tagesgeschäft sowie eine schnellere Verarbeitung von Kundendaten. Zwingend erforderlich ist hierbei eine gut strukturierte und optimal organisierte Kunden-datenbank, damit „nur" relevante und aktuelle Kundendaten der Auswertung dienen, so dass eine individuelle und gezielte Kunden-betreuung zeitlich realisierbar bleibt und das Budget nicht sprengt.

3.1.2 Effektivitätssteigerung

Die Effektivitätssteigerung ist die zweite Aufgabe, die ein CRM-System erfüllen soll. In diesem Aufgabenbereich soll die Qualität der Kunden-bearbeitung erhöht werden, da so eine Steigerung der Kundenzufriedenheit erwartet wird. Durch die Auswertung von Kundendaten (zum Beispiel demografische Merkmale oder Kauf-verhalten) versucht das CRM-System einen Ansatz zur individuellen Kundenbetreuung abzuleiten. Diese Aufgabe ist wesentlich komplexer und komplizierter als die Steigerung der Effizienz, da die Kundenzufriedenheit nicht objektiv gemessen werden kann. Auch ist eine hohe Kundenzufriedenheit keine Garantie für mehr Umsatz.[34]

3.2. Voraussetzungen für ein erfolgreiches CRM

3.2.1 Zieldefinition

Damit die Implementierung eines CRM-Systems funktioniert, müssen drei Voraussetzungen erfüllt werden: *Zieldefinition*, *Messbarkeit* und *Profitabilität*. Zunächst muss das genaue Unternehmensziel definiert werden, sei es zum Beispiel die Steigerung des Umsatzes, eine schnellere Prozessabwicklung oder eine höhere Kundenzufriedenheit, die erreicht werden soll. Nur mit einer klaren Zieldefinition kann der Erfolg eines CRM-Systems bemessen werden.[35]

3.2.2 Messbarkeit

Die Messbarkeit stellt wiederum die zweite Voraussetzung für ein erfolgreiches CRM-System dar. Es können *objektive* sowie *subjektive* Daten bemessen werden. Objektiv bemessen werden die Leistungsmerkmale. Zu ermitteln ist, ob beispielsweise die technischen

---

[34] „Effektives Customer Relationship Management - Instrumente, Einführung & Organisation", 2013, S. 6 ff. und „CRM mit Mitarbeitern erfolgreich umsetzen – Aufgaben, Kompetenzen und Maßnahmen der Unternehmen", 2014, S. 43
[35] „Effektives Customer Relationship Management - Instrumente, Einführung & Organisation", 2013, S. 267

Produkteigenschaften eingehalten werden. Die subjektive Messung bezieht sich auf die Kundenzufriedenheit, welche schwerer zu erfassen ist. Einen Hinweis zur Kundenzufriedenheit können die Anzahl von Wiederverkäufen sowie die Häufigkeit von Beschwerden und Reklamationen liefern.[36]

3.2.3 Profitabilität

Die dritte Voraussetzung für ein erfolgreiches CRM ist die Profitabilität. Es muss bestimmt werden, inwieweit sich Unternehmensziele mit den Kundenbedürfnissen vereinbaren lassen.[37] Denn die Erfüllung der Kundenwünsche muss für das Unternehmen profitabel bleiben. Eine Investition in einen nicht rentablen Kunden kann zu einem negativen *Return of Investment (ROI)* führen.[38] Ob sich eine intensive Kundenbemühung lohnt, entscheidet *die Kundenbewertung.*

3.3. Kundenbewertung

Unter dem Begriff Kundenbewertung versteht man die wirtschaftliche Gesamtbedeutung eines Kunden zum Unternehmen. Jedoch kann nicht jeder Kunde gleich bewertet werden, da allein schon aufgrund der Kundenbeziehungszyklen und Kaufkraft Unterschiede bestehen. Um einen positiven Nutzwert aus einer Kundenbeziehung zu erzielen, ist es daher für ein Unternehmen sinnvoll, sich auf langfristige und profitable Kundenbeziehungen zu konzentrieren, weil jedem Unternehmen nur ein

---

[36] „Effektives Customer Relationship Management - Instrumente, Einführung & Organisation", 2013, S. 6, S. 26 und 27, S. 41
[37] „Digitales Dialogmarketing", 2014, S. 170
[38] „Effektives Customer Relationship Management - Instrumente, Einführung & Organisation", 2013, S. 6 und 27

gewisses Budget für die Kundenbetreuung zur Verfügung steht. Es gilt nun dieses optimal zu verteilen; so müssen die einzelnen *heterogenen* Kundenbeziehungen zu einzelnen *homogenen* Kundengruppen zusammengefasst werden.[39]

3.3.1 Kundensegmentierung

Der Sinn einer *Kundensegmentierung* besteht darin, zum einen Angebote und Produkte und zum anderen dementsprechende *CRM-Instrumente* (siehe Kapitel 4.1 „CRM-Software", S. 21 ff.) effektiv und differenziert zu gestalten, um eine Verschwendung des Budgets zu vermeiden. Grob lassen sich zunächst zwei Kundengruppe festlegen: *IST-Kunde* und *NICHT-Kunde*. Jeder NICHT-Kunde ist ein SOLL-Kunde. Das Problem besteht nun darin, dass einem Unternehmen keine oder nur wenige Daten über den SOLL-Kunden zur Verfügung stehen, die bei der Neukundengewinnung relevant sind. Je mehr ein Anbieter über seinen potentiellen Kunden weiß, desto geringer ist das Risiko einer Fehlentscheidung.

Anhand der Problematik mit den Daten ist es für ein Unternehmen aus diesem Grund „einfacher", sich auf die Betreuung der IST-Kunden zu konzentrieren. Ähnlich wie bei der *Marktsegmentierung* können nun die heterogenen IST-Kunden weiter unterteilt werden. Ziel ist es Kundengruppen zu bilden, die die gleichen Merkmale besitzen, um den *CRM-*

---

[39] „Erfolgsfaktoren von Customer-Relationship-Management-Implementierungen", 2006, S. 91

19

Instrumente-Mix je nach Kundengruppe optimal zu formen und zu nutzen.[40]

3.3.2 Bearbeitung von Kundengruppen

Je nachdem, ob eine Kundengruppe zu IST- oder SOLL-Kunden zählt, ist eine unterschiedliche Kundenbearbeitung beziehungsweise -betreuung erforderlich. Für die SOLL-Kunden müssen folglich Werbebotschaften gestaltet werden, die Argumente *für* den Anbieter liefern und das Risiko eines Fehlkaufs beseitigen. IST-Kunden gilt es von den Vorteilen der gemeinsamen Geschäftsbeziehung zu überzeugen, um sie nicht an konkurrierende Wettbewerber zu verlieren.[41] Die Wahl der strategischen Maßnahmen zur Kundenbearbeitung kann aufgrund der vorhandenen Datenbank der IST-Kunden wesentlich leichter bestimmt werden. Auch hier lassen sich zwei Gruppen unterscheiden: profitable und nicht profitable Kunden. Die Bindung zu den profitablen Kunden lässt sich durch die Optimierung des Preis-Leistungs-Verhältnisses ausbauen. Nicht profitable Kundengruppen mit einem potentiell hohen Kundenwert gilt es durch beispielsweise *Rückgewinnungsmaßnahmen* in profitable Kunden umzuwandeln. Besteht jedoch kein potentiell hoher Kundenwert, gilt es diese Kundenbeziehungen zu beenden.[42]

---

[40] „Erfolgsfaktoren von Customer-Relationship-Management-Implementierungen", 2006, S. 181 ff.
[41] „Erfolgsfaktoren von Customer-Relationship-Management-Implementierungen", 2006, S. 190 ff.
[42] „Erfolgsfaktoren von Customer-Relationship-Management-Implementierungen", 2006, S. 191 und „CRM mit Mitarbeitern erfolgreich umsetzen – Aufgaben, Kompetenzen und Maßnahmen der Unternehmen", 2014, S. 114

4. Praktische Umsetzung von CRM

In den vorherigen Kapiteln wurden die Ziele und Anforderungen, Aufgabengebiete sowie Voraussetzungen von CRM-Systemen dargelegt. Im folgenden Kapitel wird nun untersucht, wie und wodurch diese einzelnen Punkte in der Praxis umgesetzt werden. Zunächst wird erklärt, wie die CRM-Systeme im IT-Bereich als Software angelegt werden, mit deren Hilfe ein, an die individuellen Kundenbedürfnisse, optimal angepasster Marketingmix herausgefiltert werden soll. Ebenfalls ist es wichtig zu klären, welchen Herausforderungen sich das Top Management stellen muss und welche Vor- und Nachteile sich bei einer CRM-Implementierung ergeben können:

4.1. CRM Software

Tatsächlich kann ein Unternehmen über unzählige Kundendaten verfügen. Das Problem besteht darin, dass diese Daten im ganzen Unternehmen zerstreut sind und/oder nicht für jeden Unternehmensbereich abrufbar sind. Aus diesem Grund wurden in den letzten Jahren unzählige CRM-Software-Modelle mit verschiedensten Ansätzen zur Entwicklung und Implementierung eines CRM-Systems auf den Markt gebracht.

Ziel der einzelnen Software-Typen ist die Ausarbeitung eines zentralen *Datenpools*, auf den das ganze Unternehmen, also auch jede Abteilung – sei es Call Center, Vertrieb oder Marketingabteilung – zugreifen kann.

Dieser Datenpool wird in der Literatur häufig *Insellösung* bezeichnet.[43]

Grundsätzlich gibt es bei den Software-Arten drei CRM-Ausrichtungen: *operatives, kommunikatives* oder *analytisches* Custom Relationship Management. Ein Unternehmen muss demnach entscheiden, ob es seine Unternehmensziele *operativ, taktisch* oder *strategisch* herangehen will.[44]

Ein weiteres Ziel der CRM-Software ist die Ausarbeitung und Empfehlung von CRM-Instrumenten. Mit CRM-Instrumenten sind Werkzeuge des *Marketing-Mix'* gemeint.[45]

4.1.1 Operatives CRM

Das operative CRM dient vor allem Mitarbeitern eines Unternehmens, die im direkten Kundenkontakt stehen – also im *Front-Office*-Bereich. Mit Hilfe dieser Software-Arten soll der Dialog zwischen Anbieter und Kunde optimiert werden. Die Kundenbetreuung und -bearbeitung sowie sonstige Serviceleistungen sollen auf diese Weise nicht nur schneller, sondern auch preiswerter realisiert werden.[46]

4.1.2 Kommunikatives CRM

In der heutigen, schnelllebigen Zeit des Internets und der Smartphones kann sich ein Unternehmen nicht mehr erlauben „nur" auf einem Kom-

---

[43] „Effektives Customer Relationship Management - Instrumente, Einführung & Organisation", 2013, S. 10 und „CRM mit Mitarbeitern erfolgreich umsetzen – Aufgaben, Kompetenzen und Maßnahmen der Unternehmen", 2014, S. 15 und 16
[44] „Effektives Customer Relationship Management - Instrumente, Einführung & Organisation", 2013, S. 13
[45] „Effektives Customer Relationship Management - Instrumente, Einführung & Organisation", 2013, S. 13 und 14
[46] „Effektives Customer Relationship Management - Instrumente, Einführung & Organisation", 2013, S. 11 und „CRM mit Mitarbeitern erfolgreich umsetzen – Aufgaben, Kompetenzen und Maßnahmen der Unternehmen", 2014, S. 17 und18

munikationskanal mit seinen Kunden zu interagieren. Es gibt das Sprichwort „Der Kunde ist König", so entscheidet der Kunde selbst, welchen Kommunikationskanal er bevorzugt. Egal, ob er eine persönliche Beratung in einer Filiale wünscht, telefonisch eine Bestellung aufgeben will oder sich aus Zeitgründen die Informationen und Angebote via Internet oder *App* „fischt", der Kunde erwartet zu jedem Zeitpunkt die gleichen Leistungen – egal welche Plattform er verwendet. Demzufolge muss das CRM-System eines Unternehmens nicht nur eine einheitliche *Corporate Identity (CI)* pflegen, sondern auch alle Kundendaten sowie Angebote und Leistungen einheitlich auf jedem einzelnen Kommunikationskanal koordinieren. Der Sinn dahinter sind selbstverständlich wirtschaftliche Vorteile (Kostenersparnisse) für das Unternehmen.[47]

4.1.3 Analytisches CRM

Das analytische CRM stellt sozusagen die Basis für das operative und kommunikative CRM. So sollen die im analytischen CRM gewonnen Informationen, den beiden CRM-Ausrichtungen zugespielt werden. Im Prinzip verfolgt das System die Kreation des „gläsernen Kunden", denn alle Kundeninformationen (egal ob demografische Merkmale, Kaufverhalten, Kundengespräche, etc.) werden in die Auswertung zur optimalen Kundenbetreuung aufgenommen und ausgewertet. Die Auswertung

---

[47] „CRM mit Mitarbeitern erfolgreich umsetzen – Aufgaben, Kompetenzen und Maßnahmen der Unternehmen", 2014, S. 16 und17

beziehungsweise Relevanz der Daten ist abhängig von den Unternehmenszielen, die der Anbieter verfolgt.[48]

4.2. Anforderungen an das Top Management für ein erfolgreiches CRM

Wichtig ist, dass der Einsatz eines CRM-Systems bewusst und durchdacht in ein Unternehmen etabliert wird. Die Unternehmensziele müssen stets im Fokus bleiben, da nicht etwa die Kundenbindung das Primärziel des Unternehmens darstellt. Vielmehr ist die Kundenbindung eine Marketingmaßnahme, um das übergeordnete Ziel „Umsatzsteigerung" zu erreichen. Aus diesem Grund darf das Top Management nicht zu hohe Erwartungen an ein CRM-System setzen oder gar seine Führungsaufgaben vernachlässigen, indem Aufgaben an untergeordnete Abteilungen übertragen werden. Das Topmanagement muss stets projektorientiert delegieren und dabei Ressourcen wie „Zeit" und „Budget" koordinieren. Ein Nichtbeachten der eigenen Aufgaben oder gar mangelndes Verständnis für ein CRM-System kann den Kosten-Nutzen-Faktor schmälern oder gar das ganze Projekt zum Scheitern führen.[49]

Auch muss das Top Management dafür sorgen, dass die Mitarbeiter nicht nur rechtzeitig in das neue System eingearbeitet werden, damit eine

---

[48] „Effektives Customer Relationship Management - Instrumente, Einführung & Organisation", 2013, S. 12 und „CRM mit Mitarbeitern erfolgreich umsetzen – Aufgaben, Kompetenzen und Maßnahmen der Unternehmen", 2014, S. 124
[49] „CRM mit Mitarbeitern erfolgreich umsetzen – Aufgaben, Kompetenzen und Maßnahmen der Unternehmen", 2014, S. 147 und 148

frühzeitige Einbindung ins CRM-System möglich ist, sondern auch motiviert bleiben.[50]

4.3. Effekte von CRM-Systemen

Wie im ersten Kapitel bereits angedeutet, führt die Einführung eines CRM-Systems positive Nutzeffekte, wie Kosteneinsparungen[51]. Weitere Vorteile sollen im Folgenden analysiert und anschließend ihren Nachteilen gegenübergestellt werden, um eine Schlussfolgerung aus der Analyse ziehen zu können.

Vorteile	Nachteile
	negatives Kosten-Nutzen-Verhältnis
	Vernachlässigung der Neukundengewinnung
Kostenreduzierung	Irritation & Ablehnung von CRM-Systemen aus Kundensicht
Schaffung einer Vertrauensbasis	
Risikominderung	Widerspruch zwischen individueller Kundenberatung und standardisierten Leistungen
Präzise Gestaltung von Marketingmaßnahmen	mangelndes Urteilsvermögen bei der Wahl der adäquaten CRM-Software
Ausbau von Markteintrittsbarrieren	
Unternehmenswachstum	mangelndes Verständnis für CRM-Systeme aus Sicht des Top Managements
hohe Weiterempfehlungsrate	
Cross-Buying-Effekte	mangelhafte Auswertung der Kundenzufriedenheit
	Prognosen über künftige Kaufentscheidungen nicht vorhanden

Abbildung 3: Vor- und Nachteile von CRM-Systemen *(Quelle: Eigene Darstellung)*

---

[50] „CRM mit Mitarbeitern erfolgreich umsetzen – Aufgaben, Kompetenzen und Maßnahmen der Unternehmen", 2014, S. 160
[51] „CRM mit Mitarbeitern erfolgreich umsetzen – Aufgaben, Kompetenzen und Maßnahmen der Unternehmen", 2014, S. 53

4.3.1 Vorteile von CRM-Systemen

Der potentiell größtmögliche Nutzen bei der Verwendung von CRM-Systemen besteht darin, die Kosten zu senken. Dies erfolgt durch diverse positive Nutzeffekte, die durch eine Kundenbeziehung ausgelöst werden. Eine Kundenbeziehung beruht auf Vertrauen, dadurch wird das Risiko für Kunde und Anbieter minimiert. Der Kunde kann sich dank seiner positiven Erfahrung mit dem Unternehmen darauf verlassen, dass er keinen Fehlkauf riskiert. Der Anbieter wiederum kann seine Marketing-maßnahmen präziser an den Kunden ausrichten und mindert so das Risiko einer Fehlinvestition für werbliche Mittel.[52]

Durch die enge Verbindung zwischen Anbieter und Kunde werden Markteintrittsbarrieren[53] geschaffen; der Anbieter läuft nicht Gefahr seinen Kunden an die Konkurrenz zu verlieren. Vielmehr kann er sich sogar ein Unternehmenswachstum erhoffen, da bei einer fruchtbaren Kundenbeziehung die Weiterempfehlungsrate steigt und sich der Kundenstamm somit vergrößert.[54]

Darüber hinaus können, aufgrund der Menge an zur Verfügung stehenden Kundendaten, *Cross-Buying-Effekte* erzielt werden.[55]

---

[52] „CRM mit Mitarbeitern erfolgreich umsetzen – Aufgaben, Kompetenzen und Maßnahmen der Unternehmen", 2014, 53 und 54
[53] „CRM mit Mitarbeitern erfolgreich umsetzen – Aufgaben, Kompetenzen und Maßnahmen der Unternehmen", 2014, S. 54
[54] „CRM mit Mitarbeitern erfolgreich umsetzen – Aufgaben, Kompetenzen und Maßnahmen der Unternehmen", 2014, S.55
[55] Vgl. 54

4.3.2 Nachteile von CRM-Systemen

Neben den vielen Vorteilen kann ein CRM-System ebenso Nachteile bewirken. Wenn beispielsweise verhältnismäßig hohe Ausgaben für nicht profitable Kunden getätigt werden und das Kosten-Nutzen-Verhältnis für das Unternehmen negativ ausfällt. Ebenfalls kann die Wachstumsrate eines Unternehmens gefährdet werden, falls die Neukundengewinnung vernachlässigt und der Fokus auf die Betreuung von Stammkunden gelegt wird.

Die Einführung eines CRM-Systems, in ein bewährtes Unternehmen kann zur Irritation und Ablehnung seitens des Kunden führen. Ein Stammkunde könnte sich bedroht fühlen, falls sein Geschäftspartner nach jahrelanger Zusammenarbeit plötzlich umfassende Daten verlangt.[56]

Darüber hinaus existiert ein Widerspruch zwischen individueller Kundenberatung und standardisierten Leistungsangeboten.

Auch die Verwendung einer CRM-Software ist kritisch zu betrachten. Oft wird aus subjektiven Gründen durch mangelndes Verständnis seitens des Top Managements, das benutzerfreundlichste CRM-System gewählt, welches jedoch nicht zwangsmäßig optimal die Unternehmensziele erfüllen kann.

Auch liegt das Problem darin, dass die CRM-Software hauptsächlich eine Auswertung der monetären Größen liefert und kaum Hinweise über die

---

[56] „CRM mit Mitarbeitern erfolgreich umsetzen – Aufgaben, Kompetenzen und Maßnahmen der Unternehmen", 2014, S. 64

27

Kundenzufriedenheit gibt. Über künftige Kaufentscheidungen bestehen ebenfalls kaum Prognosen, da sich die Systeme nur an vergangenen Werten orientieren.[57]

---

[57] „Effektives Customer Relationship Management - Instrumente, Einführung & Organisation", 2013, S. 19

5. Fazit

Nach einer gründlichen Untersuchung der theoretischen Grundlagen und Notwenigkeit einer Relationship Marketing Strategie, ist der Bedarf an RM als ganzheitlicher Managementansatz definitiv begründet. Doch trotz zahlreicher Literatur mit Handlungsempfehlungen zur Implementierung eines CRM-Systems, besteht nach wie vor ein hohes Risiko des Scheiterns bei der Einführung einer entsprechenden Software.

Der Grund dafür besteht darin, dass das CRM-Modell als „Allzweckwaffe" vorschnell in das Unternehmen eingeführt wird, da sich das Management illusorische Erfolge davon erhofft. Leider wird dabei die Wahl der Software-Ausrichtung aus subjektiven Gründen getroffen, welche nicht unbedingt optimal zur Zielerfüllung des Unternehmens beitragen. Eine Beratung durch ein externes Unternehmen wäre sicherlich sinnvoll.

Ein anderer Aspekt ist die Problematik zwischen Kundenbewertung und Datenerfassung. Fakt ist, dass wesentlich mehr Daten der IST-Kunden zur Verfügung stehen, so dass deren Kundenprofitabilität im Vergleich zu SOLL-Kunden demnach unweigerlich höher eingestuft wird. Dementsprechend werden Investitionen in Kundenbindung statt Neukundengewinnung getätigt, da die CRM-Software keine Auswertung darüber geben, welche Investition sich mehr lohnt.

Außerdem werden nur indirekte Hinweise zur Kundenzufriedenheit ausgehändigt, beispielsweise durch Folgekäufe und die Häufigkeit von

Beschwerden und Reklamationen. Dabei wird außer Acht gelassen, dass Folgekäufe möglicherweise aufgrund technisch-ökonomischer Abhängigkeit stattfinden. Falls sich ein Design-Unternehmen beispielsweise für einen Mac entscheidet, muss es hierfür die passende Software wie *Photoshop* kaufen. Da dieses Programm nicht nur „unverschämt" teuer ist, sondern auch nur mit einer Lizenz funktioniert, ist das Unternehmen auf das Betriebssystem von *Apple* angewiesen. Dementsprechend *muss* es alle weiteren (falls benötigten) Hardwarekomponenten bei Apple kaufen, da diese ihre eigenen Schnittstellen und Anschlüsse haben. In Handumdrehen geht solch ein Kunde eine „Zwangsehe" mit dem Unternehmen *Apple* ein.[58]

Kurz zusammengefasst, ist die Hypothese „CRM als ganzheitlicher Managementansatz" in der Theorie durchaus richtig, jedoch in der Praxis noch unausgereift. Nichtsdestotrotz stellt es ein erfolgsversprechendes Konzept dar, so wird an der CRM-Software weiterhin „geschraubt" und das Schreiben handlungsempfehlende Literatur fortgesetzt.

---

[58] http://www.apple.de und http://www.adobe.com

30

Literaturverzeichnis

CRM mit Mitarbeitern erfolgreich umsetzen – Aufgaben, Kompetenzen und Maßnahmen der Unternehmen
Autor: Anne Katrin Neumann
Verlag: Springer Gabler © Springer Fachmedien Wiesbaden 2014

Effektives Customer Relationship Management Instrumente – Einführungskonzepte – Organisation (5., überarbeitete Auflage)
Autor: Stefan Helmke, Matthias Uebel
Herausgeber: Wilhelm Dangelmaier
Verlag: Springer Gabler © Springer Fachmedien Wiesbaden 2013

Geschäftsbeziehungsmanagement – Konzepte, Methoden, Instrumente (2., überarbeitete Auflage)
Autor: Michael Kleinaltenkamp, Wulff Plinke, Ingmar Geiger, Frank Jacob
Herausgeber: Albrecht Söllner
Verlag: Gabler Verlag © Springer Fachmedien Wiesbaden GmbH 2011

Marketing – Grundlagen für Studium und Praxis (11., überarbeitete Auflage)
Autor: Manfred Bruhn
Verlag: Gabler Verlag © Springer Fachmedien Wiesbaden GmbH 2012

Digitales Dialogmarketing
Autor: Georg Blum
Herausgeber: H. Holland
Herausgeber: Albrecht Söllner
Verlag: Gabler Verlag © Springer Fachmedien Wiesbaden GmbH 2014

Am Ende Video - Video am Ende? Aspekte der Elektronisierung der Spielfilmproduktion
Autor: Kay Hoffmann
Verlag: edition sigma © Berlin 1990

Wettbewerbsfaktor Vertrieb bei Finanzdienstleistern - Ein ganzheitliches Konzept zur Sales Excellence
Autor: Christian Glaser
Verlag: Springer Gabler © Springer Fachmedien Wiesbaden 2013

Quellenverzeichnis

http://www.handelsblatt.com

http://www.chip.de

http://www.check24.de

http://www.spiegel.de

http://www.apple.com

http://globalmagazin.com

http://www.handelsblatt.com

http://www.bcg.de

http://www.adobe.com

Abbildungsverzeichnis